# Inhaltsverzeichnis

# Einführung

Der Geschäftsführer ist Organ der Gesellschaft. Die GmbH als juristische Person muß einen oder mehrere Geschäftsführer haben, die für die Gesellschaft handeln.

Geschäftsführer einer GmbH kann grundsätzlich jede unbeschränkt geschäftsfähige[1] natürliche Person werden. Ausländer, die aus EU-Ländern stammen, können ebenso wie Deutsche Geschäftsführer werden. Ausländer, die, etwa wegen bestehender Visumspflicht, nicht die Möglichkeit haben, jederzeit nach Deutschland einzureisen, können nicht Geschäftsführer werden[2].

Nach der Neuformulierung des § 6 Abs. 2 GmbHG durch die GmbH-Novelle 1980 darf derjenige nicht Geschäftsführer sein, der wegen eines der in den §§ 283 f. StGB geregelten Konkursvergehen verurteilt worden ist. Dieses Verbot gilt auf die Dauer von fünf Jahren seit der Rechtskraft des Strafurteils. Auch wem durch gerichtliches Urteil oder durch vollziehbare Entscheidung einer Verwaltungsbehörde die Ausübung eines Berufes, Berufszweiges, Gewerbes oder Gewerbezweiges untersagt worden ist, kann für die Zeit, für welche das Verbot wirksam ist, nicht Geschäftsführer bei einer Gesellschaft sein, deren Unternehmensgegenstand ganz oder teilweise mit dem Gegenstand des Verbotes übereinstimmt. Bei der Anmeldung zum Handelsregister muß der Geschäftsführer versichern, daß keiner der geschilderten Umstände vorliegt, der seine Bestellung verhindern würde[3]. Der Geschäftsführer wird von den Gesellschaftern bestellt, § 46 Nr. 5 GmbHG. Zu unterscheiden ist zwischen der gesellschaftsrechtlichen Bestellung und dem Abschluß des schuldrechtlichen Anstellungsvertrages, für den in der Regel gleichfalls die Gesellschafter zuständig sind.

---

1 Mit Beschluß vom 13. April 1992 hat das OLG Hamm nochmals klargestellt, daß ein Minderjähriger nicht zum Geschäftsführer bestellt werden kann, auch dann nicht, wenn sein gesetzlicher Vertreter mit Genehmigung des Vormundschaftsgerichtes für ihn handelt.

2 OLG Köln vom 30. September 1998, GmbHR 1999, 182; OLG Hamm vom 9. August 1999, GmbHR 1999, 1089.

3 Zu den Anforderungen an diese Versicherung vgl. BayObLG in BB 1984, 238; OLG Thüringen vom 6. September 1994, GmbHR 1995, 453.

Der Geschäftsführervertrag ist nicht formgebunden. Es empfiehlt sich aber, ihn schriftlich abzuschließen.

Die Position des Geschäftsführers gegenüber der Gesellschaft und gegenüber anderen Institutionen ist unterschiedlich je nachdem, ob es sich um einen Fremdgeschäftsführer, einen Gesellschafter-Geschäftsführer oder um einen beherrschenden Gesellschafter-Geschäftsführer handelt. Die Frage gewinnt immer dann an Bedeutung, wenn es darum geht, ob er als Arbeitgeber oder als Arbeitnehmer zu behandeln ist. Auf der einen Seite nimmt er den Mitarbeitern der Gesellschaft gegenüber die Stellung eines Arbeitgebers ein. Auf der anderen Seite wird er durch den Geschäftsführervertrag Arbeitnehmer der Gesellschaft. Diese Zwischenstellung macht sich beispielsweise im Arbeitsrecht bemerkbar. Grundsätzlich gelten das Kündigungsschutzgesetz und weitere Gesetze, die den Arbeitnehmer schützen sollen, nicht für den Geschäftsführer als Organ der Gesellschaft. Jedoch machen Rechtsprechung und Gesetzgebung gelegentlich Ausnahmen, wenn es sich um Fremdgeschäftsführer handelt. Andererseits vermindern sich die Pflichtarbeitsplätze für Schwerbehinderte nach dem Schwerbehindertengesetz dann nicht, wenn der Geschäftsführer zwar schwerbehindert, aber zugleich mit Mehrheit am Kapital seiner Gesellschaft beteiligt ist[4]. Bei Streitigkeiten zwischen Gesellschaft und Geschäftsführer sind die ordentlichen Gerichte, nicht die Arbeitsgerichte zuständig. War ein Fremdgeschäftsführer aber vor seiner Bestellung in anderer Funktion als Angestellter in der Gesellschaft tätig, so lebt seine Arbeitnehmerstellung wieder auf, wenn ihm gekündigt wird, so daß für seine Klage die Arbeitsgerichte zuständig sind, sog. ruhendes Arbeitsverhältnis[5].

Unsicherheit besteht ferner, wenn es um die Sozialversicherungspflicht des Geschäftsführers geht. Fremdgeschäftsführer, die bei der sachlichen und zeitlichen Gestaltung ihrer Arbeit weisungsgebunden handeln, sind in der Regel sozialversicherungspflichtig. Dasselbe gilt für Gesellschafter-Geschäftsführer, die wegen zu geringer Kapitalbeteiligung keinen bestimmenden Einfluß auf die Geschicke der Gesell-

---

4 BVerwG vom 24. Februar 1994, NJW-RR 1994, 1252.
5 Vgl. zu arbeitsrechtlichen Problemen bei GmbH-Geschäftsführern *Hümmerich,* NJW 1995, 1177 ff.

schaft nehmen können. Ähnliche Kriterien gelten für die Anwendung des Gesetzes zur Verbesserung der betrieblichen Altersversorgung (BetrAVG).

Je höher die Kapitalbeteiligung des Geschäftsführers ist, um so strenger wird auch die steuerliche Kontrolle der ihn betreffenden vertraglichen Vereinbarungen. Andere Maßstäbe gelten wiederum, wenn der Geschäftsführer Gesellschafter einer Ein-Mann GmbH ist.

Diese kurzen Ausführungen zeigen schon, auf welche Schwierigkeiten es stößt, einen für möglichst viele Fälle passenden Mustervertrag zu entwerfen. Um diesen Schwierigkeiten einigermaßen gerecht zu werden, enthalten einige Vertragsbestimmugen Alternativvorschläge. Vor allem sind die Anmerkungen ausführlich gehalten und geben Hinweise, an welcher Stelle die Benutzer sich näher informieren können.

Im übrigen gilt dasselbe wie bei anderen Heidelberger Musterverträgen: Die Übernahme der vorgeschlagenen Formulierungen muß in jedem Fall von der Prüfung abhängig gemacht werden, ob sie dem konkreten Einzelfall gerecht werden. Davon abgesehen soll der Benutzer des Mustervertrags darüber informiert werden, welche Punkte üblicher- und zweckmäßigerweise in derartigen Verträgen geregelt werden, damit er die eigene Konzeption auf Vollständigkeit hin kontrollieren kann.

# GmbH-Geschäftsführer-Vertrag

## Anstellungsvertrag[1,2]

zwischen

Cornelia Strickwarenvertrieb GmbH
– im folgenden Gesellschaft genannt –

und

Herrn ........../Frau ..........
– im folgenden Geschäftsführer genannt –

### § 1 Aufgabenbereich

1. Der Geschäftsführer vertritt die Gesellschaft gerichtlich und außergerichtlich[3]. Er führt die Geschäfte der Gesellschaft und hat die verantwortliche Leitung des gesamten Geschäftsbetriebes.

---

1  Zu unterscheiden ist zwischen der gesellschaftsrechtlichen Bestellung des Geschäftsführers nach § 46 Nr. 5 GmbHG und dem schuldrechtlichen Anstellungsvertrag (vgl. auch Fußnote 35). Zuständig für beides ist die Gesellschafterversammlung, vgl. OLG Köln vom 21. Februar 1990 – AZ 13 U 195/89; 25. März 1992 – AZ II ZR 169/90, jedoch kann im Gesellschaftsvertrag auch anderen Organen oder Personen das Sonderrecht auf Bestellung des Geschäftsführers und auf Abschluß des Anstellungsvertrages übertragen werden, vgl. BGH vom 4. Oktober 1973 – AZ II ZR 31/71, z. B. einem oder mehreren Gesellschaftern, Beirat, Aufsichtsrat. Bei einer GmbH, die der Mitbestimmung unterliegt, erfolgt die Bestellung durch den Aufsichtsrat. Umstritten ist in diesem Falle, ob Aufsichtsrat oder Gesellschafterversammlung den Anstellungsvertrag abzuschließen haben. Nach der herrschenden, aber immer wieder angegriffenen Meinung ist der Aufsichtsrat hierfür zuständig. So auch *Tillmann* Rz 25. Seinen Inhalt jedenfalls beschließt die Gesellschafterversammlung. Vgl. zu dieser Streitfrage Handbuch der GmbH IV RZ 434 ff.

2  In Ausnahmefällen wird der Geschäftsführer namentlich im Gesellschaftsvertrag bestellt. Dies ist nur dann zweckmäßig, wenn er auf diese Weise ein gesellschaftliches Sonderrecht erhalten soll; hierzu BGH vom 16. Februar 1981 – AZ II ZR 89/79. – Anderenfalls muß bei jeder Änderung in der Geschäftsführung der Gesellschaftsvertrag geändert werden.

3  Als gesetzliche Vertreter der Gesellschaft bedürfen die Geschäftsführer keiner Prozeßvollmacht; BFH vom 9. November 1994, GmbHR 1995, 689.

*o d e r*

*Der Geschäftsführer vertritt die Gesellschaft gemeinschaftlich mit einem weiteren Geschäftsführer gerichtlich[3] und außergerichtlich. Im Innenverhältnis ist er allein zuständig für die Bereiche[4] .........*

2. Die Rechte und Pflichten des Geschäftsführers bestimmen sich nach dem Gesellschaftsvertrag vom ........., nach diesem Anstellungsvertrag und nach dem Gesetz.

## § 2 Vergütung[5]

1. Der Geschäftsführer erhält als Vergütung für seine Tätigkeit ein festes Jahresgehalt in Höhe von DM ....., zahlbar in monatlichen Teilbeträgen in Höhe von DM ......... jeweils am Monatsende[6];

---

4  Trotz der Aufteilung der Geschäftsbereiche unter mehreren Geschäftsführern bleibt jeder einzelne für die Geschäftsführung insgesamt verantwortlich. So hat das OLG Düsseldorf am 27. November 1995, GmbHR 1996, 368, nochmals betont, daß trotz Aufteilung der Geschäftsbereiche dem nicht für die Buchführung zuständigen Geschäftsführer eine Überwachungspflicht dahingehend verbleibt, daß die Sozialversicherungsbeiträge ordnungsgemäß abgeführt werden. Vgl. auch BGH vom 20. Februar 1995 GmbHR 1995, 299. Der Grundsatz der Gesamtverantwortung gilt nicht nur für die zivilrechtliche Haftung, sondern hat, wenn auch mit Einschränkungen, strafrechtliche Bedeutung. Auch eine Delegation der Verantwortung auf Prokuristen oder Buchhalter wird von der Rechtsprechung nicht akzeptiert, BGH vom 15. Oktober 1996 GmbHR 1997, 25; FG Münster vom 1. September 1997, GmbHR 1998, 757 und *Medicus*, GmbHR 1998, 9. Wie der BGH im „Lederspray"-Urteil vom 6. Juli 1990 – AZ 2 StR 549/89 – ausgeführt hat, ist die Geschäftsführung jedenfalls bei Krisen- und Ausnahmesituationen, in denen das Unternehmen als Ganzes betroffen ist, insgesamt verpflichtet, die erforderlichen Maßnahmen in die Wege zu leiten.

5  Die Vergütung des Geschäftsführers muß angemessen sein. Dies prüft die Finanzverwaltung besonders streng, wenn der Geschäftsführer am Gesellschaftskapital beteiligt ist. Bei diesen Gesellschafter-Geschäftsführern wird noch einmal unterschieden, ob es sich um beherrschende Gesellschafter (vgl. zu diesem Begriff BFH vom 9. April 1997, GmbHR 1997, 908) oder um Minderheits- also nicht beherrschende Gesellschafter handelt. Die Angemessenheitsprüfung richtet sich nach der Größe und der Ertragslage der Gesellschaft sowie auch nach der Qualifikation und Erfahrung des Geschäftsführers. Maßgeblich ist die Gesamtvergütung, also der Festbetrag, die Tantieme, die Pensionszusage und etwaige weitere Zusatzleistungen wie die Stellung eines Dienstwagens, Abschluß einer Unfallversicherung; vgl. hierzu *Tänzer*, GmbHR 1997, 16 ff. und 1085 ff.

6  Überstundenvergütungen (Zuschläge für Sonntags-, Feiertags- und Nachtarbeit) werden, wenn nicht besondere Umstände ihre Zahlung rechtfertigen, von der Fi-

*o d e r*

*a) ein festes Jahresgehalt in Höhe von DM ........., zahlbar in monatlichen Teilbeträgen in Höhe von DM ......... jeweils am Monatsende;*

*b) eine Weihnachtsgratifikation[7] in Höhe eines Monatsgehaltes und ein Urlaubsgeld in Höhe eines Monatsgehaltes, das am 1. Juli eines jeden Jahres zahlbar ist;*

*c) eine Tantieme in Höhe von ......... % des Jahresüberschusses[8]. Berechnungsgrundlage für die Tantieme ist der nach handelsrechtlichen Vorschriften ermittelte Jahresüberschuß der Gesellschaft, der sich vor Abzug der Tantieme selbst ergibt.*

*Rückstellungen für Körperschaftsteuern und Gewerbeertragsteuern, steuerliche Sonderabschreibungen und andere steuerliche Vergünstigungen, die den Gewinn unmittelbar beeinflussen, mindern die Be-*

nanzverwaltung nicht akzeptiert. Mit seinem Grundsatzurteil vom 19. März 1997, GmbHR 1997, 711 hat der BFH entschieden, die Vereinbarung von Überstunden vertrage sich nicht mit dem Aufgabenbild eines GmbH-Geschäftsführers. Die Entscheidung betrifft zwar einen Geschäftsführer, der zugleich Alleingesellschafter war, jedoch macht der BFH in den Entscheidungsgründen keinen Unterschied zwischen Gesellschafter- und Fremdgeschäftsführern. Bei Gesellschafter-Geschäftsführern führt nach dieser Rechtsprechung die Zahlung von Überstunden zur Annahme einer verdeckten Gewinnausschüttung; vgl. auch die Folgeentscheidungen des BFH vom 8. April 1997, GmbHR 1997, 1167 und vom 27. Juni 1997, GmbHR 1997, 1163 sowie das BMF-Schreiben zu Überstunden an Gesellschafter-Geschäftsführer vom 28. September 1998, GmbHR 1998, 1097. Vgl. auch *Lange,* GmbHR 1999, 327, 332.

7  Vgl. zur Angemessenheit des Weihnachtsgeldes FG Saarland vom 5. April 1994, GmbHR 1994, 334 einerseits und FG Saarland vom 8. Februar 1994, GmbHR 1994, 336 andererseits.

8  Art und Höhe der häufig vereinbarten variablen Vergütung (Tantieme) werden von der Finanzverwaltung mit besonderer Aufmerksamkeit geprüft. Sie darf nach Auffassung der Rechtsprechung nicht zu einer „Gewinnabsaugung" führen. In der Regel hält der BFH eine Aufteilung zwischen fester und variabler Vergütung im Verhältnis 75 : 25 für angemessen, BFH vom 5. Oktober 1994, GmbHR 1995, 385; vgl. hierzu das BMF-Schreiben vom 5. Januar 1998, GmbHR 1998, 256. Bei Tantiemevereinbarungen von über 50 % des Jahresüberschusses spricht der Beweis des ersten Anscheins bereits für eine verdeckte Gewinnausschüttung, FG Saarland vom 18. Dezember 1996, GmbHR 1997, 180, FG Niedersachsen vom 17. Februar 1998, GmbHR 1998, 895.
Umsatztantiemen werden nur in seltenen Ausnahmefällen von der Finanzverwaltung anerkannt und führen, wenn sie Gesellschafter-Geschäftsführern zugesagt werden, zur Annahme einer verdeckten Gewinnausschüttung; BFH vom 20. August 1997, GmbHR 1998, 148; vom 9. September 1998, GmbHR 1999, 486.

*rechnungsgrundlage nicht. Ausgenommen hiervon sind Gewinnmin-*
*derungen infolge der Bewertungsfreiheit für geringwertige Wirt-*
*schaftsgüter. Die spätere gewinnerhöhende Auflösung von Rücklagen*
*oder anderen Bilanzpositionen, deren Bildung auf die Berechnungs-*
*grundlage keinen Einfluß hatte, bleibt bei Berechnung der Tantieme*
*außer Betracht. Das gilt auch für Zuschüsse oder Zulagen der öffent-*
*lichen Hand[9].*

2. Die Tantieme wird mit Feststellung des Jahresabschlusses durch die
Gesellschafterversammlung fällig. Wird der Geschäftsführervertrag
von der Gesellschaft aus wichtigem Grund gekündigt, so entfällt für
das Jahr, in dem die Kündigung wirksam wird, der Anspruch auf die
Tantieme.

3. Die dem Geschäftsführer gezahlte feste Vergütung ändert sich im
gleichen Verhältnis und zum selben Zeitpunkt, wie sich die Gehälter in
der höchsten Tarifstufe für kaufmännische Angestellte der Textilindustrie verändern[10].

### § 3 Spesen und Auslagen

1. Reisekosten und sonstige Aufwendungen, die im Interesse der Gesellschaft notwendig waren, ersetzt die Gesellschaft im Rahmen der jeweils steuerlich zulässigen Höchstgrenzen.

2. Für Dienstreisen im eigenen Pkw erhält der Geschäftsführer den jeweils steuerlich zulässigen Satz als Kilometergeld.

*o d e r*

*Die Gesellschaft stellt dem Geschäftsführer für die Dauer des Dienst-*
*verhältnisses einen Dienstwagen, Marke .......... Typ .......... zur Verfü-*

---

9  Wird eine variable Vergütung gewährt, sollte die Bemessungsgrundlage und die Art
   der Berechnung eindeutig im Vertrag festgelegt werden. Vgl. hierzu *Hoffmann,*
   GmbHR 1994, 239, der seinerseits auf BFH vom 30. Januar 1985, BStBl. II 1985, 345
   verweist.
10 Bei dieser Regelung handelt es sich um eine sogenannte Spannungsklausel. Ihre
   Aufnahme in den Geschäftsführervertrag wird häufig empfohlen. Durch die Klausel
   wird die Vergütung in Beziehung gesetzt zu der Bezahlung von Leistungen, die mit
   der vom Geschäftsführer zu erbringenden Leistung gleichartig sind. Derartige Span-
   nungsklauseln sind ohne Genehmigung zulässig (vgl. *Tillmann* Rz 211).

*gung, den der Geschäftsführer auch zu Privatzwecken benutzen darf. Für die private Nutzung wird der von der Finanzverwaltung für diesen Fahrzeugtyp üblicherweise festgesetzte Pauschalbetrag als geldwerter Vorteil angesetzt, der dem Geschäftsführer neben seinen Bezügen gewährt wird[11].*

3. Die Gesellschaft erstattet dem Geschäftsführer auf Nachweis die Kosten seines Umzuges von ......... nach ......... im Rahmen der jeweils steuerlich zulässigen Höchstgrenzen.

## § 4 Weiterzahlung im Krankheitsfall

1. Wird der Geschäftsführer durch Krankheit vorübergehend gehindert, seine Tätigkeit als Geschäftsführer auszuüben, so wird ihm die Differenz zwischen dem von ihm bezogenen Krankengeld und seinem Netto-Monatsgehalt (Festvergütung) auf die Dauer von ......... Wochen/Monaten weitergezahlt[12].

2. Wird der Geschäftsführer durch andere unverschuldete Ursachen vorübergehend gehindert, seine Tätigkeit für die Gesellschaft auszuüben, so wird das Gehalt auf die Dauer von ......... Monaten weitergezahlt, jedoch unter Anrechnung etwaiger aufgrund dieser Ursachen von anderer Seite gezahlter Vergütungen.

## § 5 Versicherung

Die Gesellschaft versichert den Geschäftsführer auf ihre Kosten gegen Betriebsunfall, und zwar in Höhe von DM ......... bei Todesfall und DM ......... bei Invalidität.

---

11  Auch in einer kleineren GmbH wird dem Geschäftsführer in der Regel ein Firmen-PkW zur Verfügung gestellt. 1996 betrug der Anschaffungspreis im Durchschnitt der von der Firma Kienbaum zu statistischen Zwecken regelmäßig untersuchten Gesellschaften DM 85 000,–. Die Privatnutzung war in allen diesen Unternehmen gestattet; vgl. *Tänzer,* GmbHR 1997, 16, 18 und GmbHR 1997, 1085, 1087.
Zum Wertansatz innerhalb der Geschäftsführervergütung vgl. BFH vom 10. Juni 1999, GmbHR 1999, 1002.
12  Die gesetzliche Regelung des § 616 BGB bietet dem Geschäftsführer für Krankheitsfälle nur unzureichenden Schutz. Deshalb ist ihm eine vertragliche Regelung zu empfehlen. 1997 war in 75 % der von Kienbaum untersuchten Geschäftsführerverträge eine Weiterzahlung im Krankheitsfall vorgesehen. Die Dauer der Fortzahlung betrug im Durchschnitt 6 Monate, *Tänzer,* GmbHR 1997, 1085, 1087.

## § 6 Pensionszusage [13]

Es ist ins Auge gefaßt, mit dem Geschäftsführer nach ..........jähriger Tätigkeit für die Gesellschaft einen gesonderten Vertrag zum Zwecke der Alters-, Invaliden- und Hinterbliebenen-Versorgung abzuschließen.

*Eine derart in Aussicht genommene Versorgungszusage könnte in Kurzform lauten*[14]:

---

13  Finanzverwaltung und Rechtsprechung erkennen eine Pensionszusage nur an, nachdem der Geschäftsführer in der Gesellschaft erfolgreich eine Probezeit absolviert hat. Dies gilt allgemein, aber insbesondere bei neu gegründeten Gesellschaften; BFH vom 11. Februar 1998, GmbHR 1998, 893. Über die Dauer dieser Probezeit besteht nach wie vor Unklarheit. Mit seinem Urteil vom 15. Oktober 1997, GmbHR 1998, 340 hat der BFH eine Probezeit von fünf Jahren für ausreichend, also auch für erforderlich gehalten. Die Finanzverwaltung verlangt aber nur eine Probezeit von zwei bis drei Jahren, BMF-Schreiben vom 14. Mai 1999, GmbHR 1999, 735. Ausnahmen von dem Erfordernis einer Probezeit sind zulässig, wenn der Geschäftsführer auf andere Weise seine Qualifikation und Zuverlässigkeit unter Beweis gestellt hat; BFH vom 29. Oktober 1997, GmbHR 1998, 338; FG Niedersachsen vom 24. März 1998, GmbHR 1998, 791. Das FG Saarland vom 2. Februar 1998, GmbHR 1998, 342 verlangt auch in diesen Fällen eine Probezeit von drei Jahren. Die Rechtsprechung betrifft die Behandlung von Rückstellungen als verdeckte Gewinnausschüttung, gilt also unmittelbar nur für Gesellschafter-Geschäftsführer. Sie setzt aber die Üblichkeit entsprechender Gestaltung auch bei Fremdgeschäftsführern voraus.

14  Die Rechtsprechung zu Pensionszusagen an Geschäftsführer ist reichhaltig und unterscheidet naturgemäß zwischen Fremdgeschäftsführern und beherrschenden und nicht beherrschenden Gesellschafter-Geschäftsführern. Die größte Sorgfalt ist im Hinblick auf diese Rechtsprechung auf die Ausgestaltung von Pensionszusagen an beherrschende Gesellschafter-Geschäftsführer zu verwenden; vgl. hierzu im einzelnen das Prüfungsschema von *Arteaga*, GmbHR 1998, 265.
Hier können nur die wichtigsten Grundsätze in Kürze aufgezeigt werden:
a. Die Pensionszusage muß einem Fremdvergleich standhalten, also in Ausgestaltung und Höhe üblich sein;
b. sie darf nicht zu einer Überversorgung des Geschäftsführers führen. Der BFH nimmt eine Überversorgung an, soweit die zugesagten Leistungen zusammen mit einer zu erwartenden Sozialversicherungsrente höher sind als 75 % der aktiven Bezüge des Geschäftsführers; vgl. hierzu Einzelheiten im BMF-Schreiben vom 7. Januar 1998, GmbHR 1998, 562;
c. sie muß ernsthaft gemeint, das heißt, die Gesellschaft muß in der Lage sein, sie im Versorgungsfall zu erfüllen; hierzu BMF-Schreiben vom 14. Mai 1999, GmbHR 1999, 735, 736. Bei der Beurteilung dieser Frage spielt es eine Rolle, ob zur Sicherung des Pensionsanspruchs eine Direkt- oder Rückdeckungsversicherung abgeschlossen wird. Ihr Abschluß ist zwar nicht immer Voraussetzung dafür, daß Ernsthaftigkeit der Zusage angenommen wird, BFH vom 15. Oktober 1997, GmbHR 1998, 340, jedoch wird bei wirtschaftlich schwächeren Gesellschaften dieser Abschluß verlangt, BVerfG vom 12. Februar 1998, GmbHR 1998, 750. Zur Direktversi-

1. Scheidet der Geschäftsführer nach Vollendung des ......... Lebensjahres aus der Gesellschaft aus, so erhält er auf Lebenszeit ein monatliches Ruhegeld in Höhe von ......... % des durchschnittlichen Jahresbruttogehaltes, das er in den letzten sechs Monaten vor seinem Ausscheiden bezogen hat. Gewinntantieme, Weihnachtsgratifikation und Urlaubsgeld bleiben bei der Bemessung des Ruhegeldes außer Betracht[14a].

2. Das von einem gesetzlichen Sozialversicherungsträger gezahlte Altersruhegeld wird auf die in diesem § 6 geregelten Versorgungsbezüge angerechnet, wenn und soweit es auf Pflichtbeiträgen beruht. Angerechnet werden auch etwaige Leistungen privater Versicherer, deren Anspruchsgrundlage auf Beitragsleistungen der Gesellschaft zurückgehen. Spätere Anpassungen der Leistungen des Sozialversicherungsträgers werden auf die Versorgungsbezüge nicht angerechnet[15].

---

cherung vgl. Reuter GmbHR 1997, 1081 ff., zur Rückdeckungsversicherung derselbe in GmbHR 1997, 1125 ff. Zum Begriff der Ernsthaftigkeit *Lange*, GmbHR 1999, 327, 329. d. der Geschäftsführer muß die Pension im Zeitpunkt der Vereinbarung noch erdienen können. Hierbei stellt der BFH auch bei Gesellschafter-Geschäftsführern, auf die das Gesetz zur Verbesserung der betrieblichen Altersversorgung (BetrAVG) nicht anwendbar ist, auf die Regelung von § 1 dieses Gesetzes ab. Das bedeutet, daß Pensionszusagen an Gesellschafter-Geschäftsführer bzw. entsprechende Rückstellungen steuerlich anerkannt werden bei
– einem *nicht beherrschenden* Gesellschafter-Geschäftsführer, wenn er seit mehr als zwölf Jahren im Betrieb tätig gewesen ist und wenn seit der Zusage mindestens drei Jahre vergangen sind; vgl. zu diesen Fristen im einzelnen BFH vom 24. Januar 1996, GmbHR 1996, 701; BFM-Schreiben vom 7. März 1997, 574; auch *Gail/Düll/Heß-Emmerich/Fuhrmann*, GmbHR 1997, 1021, 1023; Jahresbericht 1997/1998 Centrale für GmbH, GmbHR 1998, 1,5;
– einem *beherrschenden* Gesellschafter-Geschäftsführer, wenn zwischen Zusagezeitpunkt und dem vorgesehenen Eintritt in den Ruhestand mindestens zehn Jahre liegen; vgl. BFH vom 29. Oktober 1997, GmbHR 1998, 338; BMF-Schreiben vom 14. Mai 1999, GmbHR 1999, 735.
Bei dem Prüfungskriterium der Erdienbarkeit spielt das Alter des Geschäftsführers eine besondere Rolle. Hat ein Gesellschafter-Geschäftsführer das 60. Lebensjahr überschritten, wenn ihm eine Pension zugesagt wird, dann gelten die entsprechenden Zuführungen zur Rückstellung als verdeckte Gewinnausschüttung, selbst wenn durch ärztliches Attest die Rüstigkeit des Geschäftsführers nachgewiesen ist; FG Düsseldorf vom 21. Oktober 1997, GmbHR 1998, 389.

14a Zur Berechnung der Höhe des Ruhegehalts bei der im Text vorgesehenen Ausgestaltung BGH vom 19. Dezember 1994, ZIP 1995, 210.

15 Wegen der unsicheren und nicht vorausberechenbaren Entwicklung der staatlichen Rentenversicherung werden in immer mehr Fällen die Pensionszusagen ohne Anrechnung der Sozialrente gewährt, allerdings dann mit einem niedrigeren Prozentsatz vom früheren Gehalt. Vgl. im übrigen das Auszehrungsverbot in § 5 des Gesetzes zur betrieblichen Altersversorgung (BetrAVG).

3. Die Regelungen der Absätze 1 und 2 gelten entsprechend, wenn der Geschäftsführer erwerbs- oder berufsunfähig wird. In diesem Fall wird das Ruhegeld nach Ablauf von ......... Monaten ab Eintritt der Erwerbs- oder Berufsunfähigkeit gezahlt[16].

4. Das Ruhegeld des Geschäftsführers ändert sich im gleichen Verhältnis und zum selben Zeitpunkt, wie sich die Gehälter in der höchsten Tarifstufe für kaufmännische Angestellte der Textilindustrie ändern.

5. Scheidet der Geschäftsführer vor Eintritt des Versorgungsfalles aber nach Eintritt der Unverfallbarkeit des Anspruchs aus der Gesellschaft aus, so behält er die Anwartschaft auf die Versorgungsleistungen gemäß dieser Versorgungszusage. Bei Eintritt des Versorgungsfalles erbringt die Gesellschaft Leistungen, deren Höhe sich anteilmäßig nach Abs. 1 bestimmt, wobei die Verhältnisse zum Zeitpunkt des Ausscheidens zugrunde zu legen sind[17].

6. Die Gesellschaft ist berechtigt, die Leistungen zu kürzen oder einzustellen, wenn die Verhältnisse, die bestanden, als diese Pensionszusage erteilt wurde, sich nachhaltig so wesentlich ändern, daß es der Gesellschaft nicht mehr zugemutet werden kann, die zugesagten Leistungen weiter zu erbringen.

## § 7 Hinterbliebenenversorgung

1. Stirbt der Geschäftsführer während der Dauer seiner Geschäftsführertätigkeit, so erhält seine Witwe für die ......... folgenden Monate das

---

16 Vgl. für den Beginn der Auszahlung § 4.2 dieses Mustervertrags, der zunächst die Weiterzahlung der Bezüge vorsieht.
   Für die Zusage einer Erwerbs- oder Berufsunfähigkeitsversorgung gelten grundsätzlich dieselben Anforderungen, wie sie in Anmerkung 13 für die Alterspension aufgeführt worden sind. Finanzverwaltung und Rechtsprechung legen besonderen Wert darauf, daß die Pension auch bei plötzlichem Eintritt eines Versorgungsfalls finanzierbar ist.

17 Das Gesetz zur Verbesserung der betrieblichen Altersversorgung (BetrAVG) ist zwar nur auf Fremdgeschäftsführer und nicht wesentlich beteiligte Gesellschafter-Geschäftsführer unmittelbar anwendbar, vgl. dort § 17. Insbesondere zur Beurteilung der Unverfallbarkeit zieht aber die Rechtsprechung die Grundsätze vor allem des § 1 dieses Gesetzes auch bei beherrschenden Gesellschafter-Geschäftsführern heran; vgl. hierzu Fußnote 13 und ausführlich *Neumann*, GmbHR 1997, 292 ff.; PSV-Merkblatt 300/M1, GmbHR 1997, 122 (dort auch zum Insolvenzschutz).

im Zeitpunkt des Todes dem Geschäftsführer zustehende feste Jahresbruttogehalt sowie die Weihnachtsgratifikation gem. § 2 dieses Vertrages.

2. Stirbt der Geschäftsführer nach Eintritt in den Ruhestand, so erhält seine Witwe für die ......... folgenden Monate das dem Geschäftsführer zustehende Ruhegeld.

3. Nach Ablauf der Fristen gem. § 7 Abs. 1 oder 2 erhält die Witwe nach dem Tod des Geschäftsführers auf Lebensdauer eine Pension von ......... %[18] des Betrages, den der Geschäftsführer erhalten würde, wenn er im gleichen Zeitpunkt selbst einen Ruhegeldanspruch nach diesem Vertrag geltend machen könnte.

4. Voraussetzung für die Ansprüche der Witwe aus diesem Vertrag ist, daß die Ehe bei Eintritt des Versorgungsfalles fünf Jahre bestanden hat und noch besteht[19]. Die Ansprüche der Witwe erlöschen mit dem Ablauf des Monats, in dem sie sich wieder verheiratet. Sie leben nicht wieder auf.

5. Die Pensionsbezüge der Witwe erhöhen sich für jedes minderjährige Kind um je 10 %. Dies gilt auch für in der Berufsausbildung stehende volljährige Kinder bis zur Vollendung des ......... Lebensjahres.

6. Die Pensionsbezüge für Witwen und Waisen dürfen zusammen den vollen Betrag des Ruhegeldes nicht überschreiten, das der Geschäftsführer erhalten würde, wenn er selbst einen Anspruch hätte geltend machen können.

7. Ergeben die Pensionsbezüge zusammen einen höheren Betrag, so werden sie im Verhältnis ihrer Höhe gekürzt. Vermindert sich die Anzahl der Bezieher, so werden die übrigen Bezüge wiederum entsprechend bis zur Höchstgrenze erhöht.

---

18  Üblicherweise betragen die Witwenbezüge zwischen 50 % und 60 % des Ruhegeldes, das dem Geschäftsführer zugestanden hätte. Für die Beurteilung der Zulässigkeit der Zusage einer Hinterbliebenenversorgung und insbesondere zur Frage einer verdeckten Gewinnausschüttung vgl. die Ausführungen in Fußnote 13.
19  Mit Urteil vom 17. November 1994 (NJW-RR 1995, 998) hat das OLG Stuttgart einer Frau, die mehr als 25 Jahre jünger war als der Geschäftsführer, die Berechtigung zum Bezug einer betrieblichen Pension abgesprochen. Im entschiedenen Fall war die Ehe nach Eintritt der Pensionierung geschlossen worden.

8. Die Pensionsbezüge der Hinterbliebenen verändern sich im gleichen Verhältnis und zum selben Zeitpunkt, wie sich die Gehälter in der höchsten Tarifstufe für kaufmännische Angestellte der Textilindustrie verändern.

### § 8 Geschäftsführungs- und Vertretungsbefugnis

1. Der Geschäftsführer ist, auch wenn mehrere Geschäftsführer bestellt sind, alleingeschäftsführungs- und alleinvertretungsberechtigt;

*oder*

*Der Geschäftsführer ist zusammen mit einem weiteren Geschäftsführer geschäftsführungs- und vertretungsberechtigt*[20].

2. Der Geschäftsführer ist von den Beschränkungen des § 181 BGB befreit[21].

---

20  Die Ausdrücke „alleingeschäftsführungs-" und „alleinvertretungsberechtigt" haben sich zwar eingebürgert, sind aber nach der richtigen Ansicht des OLG Naumburg, Beschluß vom 30. September 1993, GmbHR 1994, 119 jedenfalls dann sprachlich nicht korrekt, wenn mehreren Geschäftsführern diese Berechtigung zustehen soll. Es muß dann heißen „einzeln geschäftsführungs-" und „einzeln vertretungsberechtigt". Vertraglich geregelt werden kann neben der Gesamtvertretung noch die sogenannte gemischte Gesamtvertretung = Vertretung durch einen Geschäftsführer und einen Prokuristen. Gemischte Gesamtvertretung ist aber nur zulässig, wenn mindestens zwei Geschäftsführer vorhanden sind. Der einzige vertretungsberechtigte Geschäftsführer kann nicht an die Mitwirkung eines Prokuristen gebunden werden. Vgl. zur gemischten Gesamtprokura *Tillmann* Rz 67.

21  § 181 BGB enthält das sogenannte Selbstkontrahierungsverbot; danach ist dem Geschäftsführer der Abschluß eines Rechtsgeschäftes mit der Gesellschaft verboten, es sei denn, dieses bestehe ausschließlich in der Erfüllung einer Verbindlichkeit, wie zum Beispiel bei Gehaltszahlung an den Geschäftsführer. Im Gesellschaftsvertrag kann Befreiung vom Verbot des § 181 BGB vorgesehen werden. Dies sollte aber nur geschehen, wenn besondere Gründe dafür vorliegen. Gemäß § 35 Abs. 4 GmbHG gilt § 181 BGB auch für den geschäftsführenden Alleingesellschafter. Die Befreiung vom Selbstkontrahierungsverbot ist – auch bei geschäftsführenden Alleingesellschaftern – ins Handelsregister einzutragen. Geschieht dies nicht oder erst nach Abschluß der zu überprüfenden Geschäfte oder in einer zivilrechtlich unzulänglichen Form, so besteht die Gefahr, daß eine verdeckte Gewinnausschüttung angenommen wird, *Altmeppen*, NJW 1995, 1182. Vgl. aber die mildere Auffassung des BFH im Urteil vom 23. Oktober 1996, GmbHR 1997, 34; auch *Lange*, GmbHR 1999, 327, 328. Auch eine nur beschränkte Befreiung vom Selbstkontrahierungsverbot ist in das Handelsregister einzutragen, vgl. OLG Düsseldorf vom 1. Juli 1994, GmbHR 1995, 51. Siehe hierzu auch BFH v. 31. Mai 1995, GmbHR 1996, 60: Allein fehlende Handelsregistereintragung führt – noch – nicht zur verdeckten Gewinnausschüttung.

3. Der Geschäftsführer ist verpflichtet, die von der Gesellschafterversammlung erteilten allgemeinen oder besonderen Anweisungen auszuführen.

4. Der Geschäftsführer hat das Recht, jederzeit eine Entscheidung der Gesellschafterversammlung herbeizuführen.

## § 9 Pflichten und Rechte des Geschäftsführers

1. Der Geschäftsführer hat sein Amt mit der Sorgfalt eines ordentlichen Kaufmannes zu führen. Er nimmt die Rechte und Pflichten des Arbeitgebers im Sinne der arbeits- und sozialrechtlichen Vorschriften wahr[22].

2. Innerhalb einer Frist von drei Monaten[23] nach Abschluß des Geschäftsjahres hat der Geschäftsführer den Jahresabschluß (Bilanz und Gewinn- und Verlustrechnung nebst Anhang) und den Lagebericht aufzustellen und ihn jedem Gesellschafter unverzüglich nach der Aufstellung zuzusenden.

3. Gleichzeitig mit der Übersendung des Jahresabschlusses beruft der Geschäftsführer eine Gesellschafterversammlung ein, welche die Bilanz feststellt und über die Verwendung des sich daraus ergebenden Ergebnisses entscheidet.

## § 10 Genehmigungspflichtige Geschäfte

1. Der Geschäftsführer darf folgende Geschäfte nur nach vorheriger Zustimmung der Gesellschafterversammlung ausführen[24]:

---

22 Zur Sorgfaltspflicht und Haftpflicht des GmbH-Geschäftsführers vgl. *Ebenroth/Lange* GmbHR 1992, 69 ff.

23 Nach § 264 Abs. 1 HGB haben die Geschäftsführer den Jahresabschluß und den Lagebericht in den ersten drei Monaten des Geschäftsjahres für das vergangene Geschäftsjahr aufzustellen. „Kleine" GmbH dürfen den Jahresabschluß und den Lagebericht später aufstellen, wenn dies einem ordnungsgemäßen Geschäftsgang entspricht, jedoch nicht später als innerhalb der ersten sechs Monate des Geschäftsjahres. Im Gesellschaftsvertrag darf aber eine längere Frist für die Aufstellung des Jahresabschlusses nicht bestimmt werden. Zum Begriff „klein" für eine GmbH vgl. § 267 Abs. 1 HGB in der jeweils geltenden Fassung.

24 Nach außen hin kann die Vertretungsmacht des Geschäftsführers nicht eingeschränkt werden, § 37 Abs. 2 Satz 1 GmbHG. Im Innenverhältnis findet man oft mehr oder weniger ins einzelne gehende Kataloge von Geschäften, welche der Geschäftsführer nur nach vorheriger Zustimmung der Gesellschafterversammlung vor-

a) Veräußerung von wesentlichen Teilen des Unternehmens oder des Unternehmens im Ganzen;

b) Aufnahme eines neuen Geschäftszweiges;

c) Errichtung und Aufhebung von Zweigniederlassungen;

d) Erwerb, Belastung oder Veräußerung von Grundstücken und grundstückgleichen Rechten;

e) Neubauten, Umbauten oder Neuanschaffungen von Gegenständen des Anlagevermögens, soweit die Aufwendungen im Einzelfall DM .......... übersteigen.

f) Inanspruchnahme oder Gewährung von Krediten, soweit sie im Einzelfall DM .......... übersteigen; ausgenommen hiervon sind die üblichen Kunden- und Lieferantenkredite;

g) Übernahme von Bürgschaften und Eingehung von Wechselverbindlichkeiten, die sich nicht ausschließlich aus der Weiterbegebung zahlungshalber hereingenommener Kundenwechsel ergeben;

h) Abschluß von Miet- und Pachtverträgen für die Dauer von mehr als einem Jahr oder mit einer monatlichen Verpflichtung von mehr als DM ..........;

i) Anstellung und Entlassung von Arbeitnehmern mit Jahresvergütungen von mehr als DM .........., Gehaltserhöhungen, die diese Grenze überschreiten, sowie Gehaltserhöhungen für Arbeitnehmer, deren Gehalt bereits über dieser Grenze liegt;

j) Erteilung und Widerruf von Prokuren;

k) ..........

l) ..........

m) ..........

---

nehmen darf. Wie detailliert diese Kataloge sind, hängt von den Umständen des Einzelfalles ab. Sie werden bei Fremdgeschäftsführern im allgemeinen umfassender sein als bei Gesellschafter-Geschäftsführern und können auch – etwa bei Familiengesellschaften – ganz entfallen.

*o d e r*

1. *Der Geschäftsführer bedarf der vorherigen Zustimmung der Gesellschafterversammlung außer zu den in §.......... Abs. .......... des Gesellschaftsvertrages vom .......... aufgeführten Fällen zu folgenden Geschäften:*

*a).........*

*b).........*

## § 11 Nebentätigkeit

1. Der Geschäftsführer hat der Gesellschaft seine volle Arbeitskraft zur Verfügung zu stellen. Er ist an bestimmte Arbeitszeiten nicht gebunden, hat jedoch jederzeit, wenn und soweit es das Wohl der Gesellschaft erfordert, zur Verfügung zu stehen[25].

2. Zu Nebentätigkeiten, die gegen Vergütung geleistet werden, bedarf der Geschäftsführer der vorherigen Zustimmung der Gesellschafterversammlung. Von ehrenamtlichen Nebentätigkeiten hat der Geschäftsführer die Gesellschafterversammlung zu unterrichten, ehe er sie aufnimmt[26].

3. Der Geschäftsführer bedarf zu Vorträgen, Aufsätzen oder sonstigen Veröffentlichungen, soweit sich diese auf das Arbeitsgebiet der Gesellschaft beziehen oder die Interessen der Gesellschaft berühren, der vorherigen Zustimmung der Gesellschafterversammlung.

## § 12 Wettbewerbsverbot[27]

1. Für die Dauer dieses Vertrages ist es dem Geschäftsführer nicht gestattet, in einem Unternehmen, das mit der Gesellschaft in Wettbe-

---

25 Zum Berufsbild des GmbH-Geschäftsführers gehört es nach Auffassung der Rechtsprechung, daß er der Gesellschaft seine volle Arbeitskraft zur Verfügung stellt. Diese Auffassung führt zu der skeptischen Beurteilung von Überstunden vor allem durch Finanzverwaltung und Rechtsprechung; vgl. hierzu Fußnote 6. Sie macht andererseits genaue Vereinbarungen über Nebentätigkeiten erforderlich.

26 Ehrenamtliche Nebentätigkeiten, z. B. auf kommunaler Ebene, können im Interesse der Gesellschaft liegen. Z. B. wenn hierdurch der Name der Gesellschaft bekannter oder eine bessere Beziehung zu Behörden hergestellt wird.

27 Aus dem Gesetz ergibt sich ein unmittelbares Wettbewerbsverbot für den Geschäftsführer nicht. Aus der Treuepflicht des Geschäftsführers gegenüber der GmbH wird aber gefolgert, daß er während der Dauer des Vertrages einem Wettbewerbs-

werb steht, als Inhaber, Gesellschafter oder Angestellter tätig zu werden oder sich an einem solchen Unternehmen direkt oder indirekt zu beteiligen oder es direkt oder indirekt zu beraten oder zu fördern oder direkt oder indirekt eine Vertretung hierfür zu übernehmen.

2. Nach Ablauf des Vertrages beschränkt sich das Wettbewerbsverbot auf Baden-Württemberg (oder: *Bayern, Oberbayern, Oberfranken*). Es gilt auf die Dauer eines Jahres und nur für den Wettbewerb auf dem Gebiet ......... (z. B. des Handels mit aus Skandinavien importierten Textilien)[28].

---

verbot unterliegt. BGH vom 16. Februar 1991, BGHZ 80, 69. Insofern hat § 12.1 nur klarstellende Bedeutung. Verletzt ein Gesellschafter-Geschäftsführer das ungeschriebene oder das in § 12.1 klarstellend niedergelegte Wettbewerbsverbot, so ist er verpflichtet, der Gesellschaft das herauszugeben, was er durch seine Wettbewerbstätigkeit erlangt hat. Macht die Gesellschaft diesen Anspruch nicht geltend, so liegt nach der mit der Entscheidung des BFH vom 11. Februar 1987 beginnenden Steuerrechtsprechung eine verdeckte Gewinnausschüttung mit den entsprechenden steuerlichen Konsequenzen vor. Diese BFH-Rspr. hat massive Kritik in Schrifttum hervorgerufen und die Praxis vielfach veranlaßt, eine Befreiung des Gesellschafter-Geschäftsführers schon in der Satzung vorzusehen. Diese Befreiung wiederum darf nur gegen eine angemessene Gegenleistung vereinbart werden. Die Rechtsprechung ist, wohl auch als Ergebnis der erwähnten Kritik, bei der Annahme von verdeckten Gewinnausschüttungen im Zusammenhang mit Wettbewerbsverboten oder der Befreiung hiervon, milder geworden, BFH vom 18. Dezember 1996, GmbHR 1997, 362. Inzwischen ist die Streitfrage geklärt, ob eine verdeckte Gewinnausschüttung im Zusammenhang mit dem Wettbewerbsverbot auch bei einem geschäftsführenden Alleingesellschafter, der zivilrechtlich keinem Wettbewerbsverbot unterliegt, angenommen werden kann. Der BFH hat entschieden, auch steuerrechtlich sei ein Wettbewerbsverbot bei einem geschäftsführenden Alleingesellschafter jedenfalls dann nicht anzunehmen, wenn er der GmbH kein Vermögen entziehe, das zur Sicherung des Stammkapitals benötigt werde, BFH vom 30. August 1995, GmbHR 1996, 58; *Gail/Düll/Heß-Emmerich/Fuhrmann*, GmbHR 1997, 1021, 1023 weisen aber darauf hin, daß die Problematik des Wettbewerbsverbotes nach wie vor nicht auf die leichte Schulter genommen werden darf. Dies auch deshalb, weil die neuerdings von der Finanzverwaltung und Rechtsprechung vorgenommene Prüfung, ob der Geschäftsführer seiner Gesellschaft eine Geschäftschance entzogen hat, vgl. FG München vom 10. Februar 1998, GmbHR 1998, 748, wohl noch zu erheblichen Diskussionen führen wird; vgl. hierzu *Lange*, GmbHR 1999, 327, 331. Zum Wettbewerbsverbot nach fristloser Kündigung des Geschäftsführers OLG Frankfurt vom 13. Mai 1997, GmbHR 1998, 376.

28  Für die Zeit nach Beendigung des Vertragsverhältnisses gilt für den Geschäftsführer kein gesetzliches Wettbewerbsverbot. Deshalb ist es erforderlich, gegebenenfalls eine Wettbewerbsklausel in den Vertrag aufzunehmen. An die Wirksamkeit eines solchen nachvertraglichen Wettbewerbsverbots stellt die Zivilrechtsprechung strenge Ansprüche. Es muß dem Schutz eines berechtigten Interesses der Gesell-

3. Für die Zeit, in der das nachvertragliche Wettbewerbsverbot besteht, erhält der Geschäftsführer eine Entschädigung in Höhe von ......... % des jährlichen Festgehaltes ohne Weihnachtsgratifikation und Gewinntantieme, das er in den letzten zwölf Monaten vor seinem Ausscheiden aus der Gesellschaft bezogen hat. Diese Entschädigung wird in monatlichen Raten ausgezahlt.

4. Der Geschäftsführer muß sich auf die fällige Entschädigung anrechnen lassen, was er während des Zeitraumes, für den die Entschädigung gezahlt wird, durch anderweitige Verwertung seiner Arbeitskraft erwirbt oder zu erwerben böswillig unterläßt, soweit die Entschädigung unter Hinzurechnung dieses Betrages den Betrag der zuletzt von ihm bezogenen vertragsmäßigen Leistungen gem. § 2 um mehr als ein Zehntel übersteigen würde[29].

5. Für die Dauer der Zahlung der Entschädigung ist der Geschäftsführer verpflichtet, der Gesellschaft zum Abschluß jedes Kalendervierteljahres die Höhe seiner Einkünfte als Unternehmer oder freiberuflich Tätiger nach Abzug von Betriebs- oder Werbungskosten oder die Höhe seiner Bruttobezüge als Angestellter nachzuweisen. Wenn und solange der Geschäftsführer dieser Verpflichtung nicht nachkommt, entfällt der Anspruch auf Entschädigung.

6. Die Gesellschaft kann auf die Einhaltung des Wettbewerbsverbotes verzichten. Bis zur Beendigung des Vertragsverhältnisses kann der Verzicht dem Geschäftsführer schriftlich erklärt werden mit der Folge, daß die Zahlung einer Entschädigung entfällt.

7. Auch nach Beendigung des Vertragsverhältnisses kann die Gesellschaft dem Geschäftsführer gegenüber schriftlich auf die künftige Einhaltung des Wettbewerbsverbotes verzichten. In diesem Fall hat sie je-

---

schaft dienen und darf nach Zeit, Ort und Gegenstand die Berufsausübung und die wirtschaftliche Betätigung des Geschäftsführers nicht unbillig erschweren, OLG Hamm vom 11. Januar 1988, GmbHR 1988, 344; OLG Düsseldorf vom 8. Januar 1993, GmbHR 1993, 81, vom 23. Oktober 1996, GmbHR 1998, 180 und vom 3. Dezember 1998, GmbHR 1999, 120. Insgesamt ist die Rechtsprechung zum nachvertraglichen Wettbewerbsverbot noch unübersichtlich, vgl. *Bauer*, GmbHR 1999, 885 ff.

29 Diese Regelung wiederholt den Wortlaut des für Geschäftsführer nicht geltenden § 74 c HGB.

doch die Entschädigung auf die Dauer von sechs Kalendermonaten, beginnend mit dem Monat nach der schriftlichen Verzichtserklärung, weiter zu zahlen.

8. Der Geschäftsführer verpflichtet sich, für jeden Fall des Verstoßes gegen das Wettbewerbsverbot an die Gesellschaft eine Vertragsstrafe in Höhe von DM ......... zu bezahlen. Weitergehende Ansprüche der Gesellschaft bleiben unberührt.

## § 13 Geheimhaltungspflicht[30]

Der Geschäftsführer ist verpflichtet, gegenüber Außenstehenden über alle Angelegenheiten der Gesellschaft Stillschweigen zu bewahren, soweit er sie nicht im Rahmen pflichtgemäßer Geschäftsführung offenbaren muß. Diese Geheimhaltungspflicht dauert auch nach Beendigung des Dienstverhältnisses fort.

## § 14 Urlaub[31]

1. Der Geschäftsführer hat Anspruch auf einen jährlichen bezahlten Urlaub von ......... Arbeitstagen. Samstage werden dabei (nicht) mitgerechnet.

2. Kann der Geschäftsführer den Urlaub aus zwingenden geschäftlichen Gründen ganz oder teilweise nicht nehmen, so ist der Urlaubsanspruch abzugelten. Das Abfindungsentgelt bemißt sich nach der Höhe des Festgehaltes gem. § 2[32].

---

30  § 85 GmbHG stellt die Verletzung der Geheimhaltungspflicht durch einen Geschäftsführer unter Strafe. Trotzdem finden sich in vielen Verträgen Bestimmungen über die Geheimhaltungspflicht, obwohl bezweifelt werden kann, ob sie neben einem Wettbewerbsverbot notwendig sind. Es darf auch nicht übersehen werden, daß eine Verletzung dieser Pflicht nur schwer nachweisbar ist.

31  Das BundesurlaubsG gilt für den Geschäftsführer nicht.

32  Bei beherrschenden Gesellschafter-Geschäftsführern ist es unumgänglich, im Anstellungsvertrag die genaue Anzahl der Urlaubstage, die Möglichkeit einer Abfindung und ihre genaue Höhe zu regeln. Anderenfalls wird die Urlaubsabfindung als verdeckte Gewinnausschüttung angesehen. Bei nicht beherrschenden und bei Fremdgeschäftsführern ist dies aus steuerlicher Sicht zwar nicht unbedingt erforderlich, jedoch empfiehlt sich eine genaue Regelung schon aus zivil- und arbeitsrechtlichen Gründen; vgl. auch Centrale-Gutachtendienst GmbHR 1997, 1144.

## § 15 Diensterfindungen[33]

Etwaige Erfindungen des Geschäftsführers sind der Gesellschaft anzubieten. Die Parteien werden Einzelheiten in einem dann abzuschließenden Lizenzvertrag regeln.

## § 16 Vertragsdauer

1. Dieser Vertrag beginnt mit dem ......... Er ist bis zum ......... Geburtstag des Geschäftsführers fest abgeschlossen und endet ohne Kündigung mit diesem Tage.

2. Der Geschäftsführervertrag kann durch die Gesellschaft nur aus wichtigem Grund gekündigt werden. Die Kündigung hat durch eingeschriebenen Brief zu erfolgen. Die Abberufung des Geschäftsführers gem. § 38 GmbHG hat gleichzeitig eine Kündigung aus wichtigem Grund zum Inhalte[34].

---

33 Es kommt vor, daß Geschäftsführer, vor allem wenn sie Techniker sind und der Unternehmensgegenstand technischer Art ist, im Rahmen ihrer Tätigkeit Erfindungen machen. Das Gesetz über Arbeitnehmererfindungen (Bundesgesetzblatt I 1957 S. 756) und die hierzu ergangenen Richtlinien für die Vergütung von Arbeitnehmererfindungen im privaten Dienst sind nicht anwendbar, weil der Geschäftsführer als gesetzlicher Vertreter der GmbH arbeitsrechtlich nicht als Arbeitnehmer anzusehen ist. Ohne vertragliche Vereinbarung wäre es also zumindest fraglich, ob und in welcher Weise die Gesellschaft Erfindungen, die ihr Geschäftsführer im Betrieb gemacht hat, in Anspruch nehmen kann. Allerdings wird angenommen, daß sich aus § 611 f. BGB ein Recht der Gesellschaft auf die vom Geschäftsführer aufgrund seiner Arbeit im Betrieb gemachten Erfindungen und die Verpflichtung zur Zahlung einer angemessenen Vergütung ergibt, vgl. aber OLG Düsseldorf vom 10. Juni 1999, GmbHR 1999, 1093.

34 Der Widerruf der Bestellung gem. § 38 Abs. 1 GmbHG und die Beendigung des Anstellungsvertrages sind rechtlich zu unterscheiden. Die Beendigung der Organstellung durch Widerruf der Bestellung hat nicht automatisch die Auflösung des Anstellungsverhältnisses zur Folge und umgekehrt, vgl. OLG Frankfurt vom 18. Februar 1994, GmbHR 1994, 549. Nach § 38 Abs. 1 GmbHG ist die Bestellung des Geschäftsführers jederzeit und ohne Begründung widerruflich. Soll die Stellung des Geschäftsführers gestärkt werden, kann im Gesellschaftsvertrag bestimmt werden, daß der Widerruf der Bestellung nur bei wichtigem Grunde zulässig ist. Die Amtsniederlegung eines Geschäftsführers ist nach neuerer Rechtsprechung auch ohne wichtigen Grund sofort rechtswirksam, vgl. OLG Frankfurt a. M. vom 16. Juni 1993, GmbHR 1995, 301. Stellt sich heraus, daß die Amtsniederlegung unberechtigt war, können Schadensersatzansprüche der Gesellschaft entstehen, vgl. *Tillmann* Rz 386.

3. Der Geschäftsführer ist berechtigt, den Vertrag mit einer Kündigungsfrist von ......... Monaten zum Ende eines Geschäftsjahres zu kündigen. Die Kündigung hat durch eingeschriebenen Brief an die Gesellschaft oder an die Gesellschafter zu erfolgen[35].

*o d e r*

*1. Dieser Vertrag beginnt am ......... und wird auf die Dauer von .........*
*Jahren abgeschlossen. Wird er nicht ......... Monate vor seinem Ablauf*
*von der Gesellschaft oder dem Geschäftsführer gekündigt, so verlängert*
*er sich jeweils auf die Dauer von ......... Jahren. Die Kündigung hat*
*durch eingeschriebenen Brief zu erfolgen.*

*2. Der Vertrag endet ohne Kündigung mit Eintritt des ......... Lebensjahres des Geschäftsführers.*

*3. Das Recht zur Kündigung aus wichtigem Grunde bleibt für die Gesellschaft und den Geschäftsführer unberührt[36, 37].*

4. Im Falle einer ordentlichen Kündigung ist die Gesellschaft berechtigt, den Geschäftsführer bei Weiterzahlung seiner Bezüge zu beurlauben. Ein solcher Urlaub ist auf einen dem Geschäftsführer etwa noch zustehenden Urlaub gem. § 14 anzurechnen[38].

## § 17 Rückgabe der Unterlagen

Der Geschäftsführer hat bei seinem Ausscheiden alle Unterlagen, Urkunden, Aufzeichnungen, Notizen, Entwürfe oder hiervon gefertigte

---

35  Der Wortlaut des am 15. Oktober 1993 in Kraft getretenen KündigungsfristenG berücksichtigt den GmbH-Geschäftsführer nicht. Vgl. auch *Hümmerich*, NJW 1995, 1177 ff. Die damit entstandene unsichere Rechtslage erfordert besonders eindeutige vertragliche Regelungen.

36  Erfolgt der Widerruf der Bestellung, ohne daß ein Grund zur fristlosen Kündigung des Anstellungsvertrages gegeben ist, behält der Geschäftsführer seine Rechte aus dem Anstellungsvertrag, vor allem den Anspruch auf seine Bezüge, bis zur ordnungsgemäßen Beendigung dieses Vertrages. Diese Rechtsfolge soll durch § 16 Abs. 2 letzter Satz vermieden werden.

37  Vgl. zu häufig auftretenden Problemen bei der Kündigung von Geschäftsführern *Bayer*, GmbHR 1999, 530.

38  Nach allgemeiner Meinung hat der abhängige Geschäftsführer Anspruch auf Erteilung eines Zeugnisses. BGH vom 9. 11. 1967, BB 1967 S. 1394; GmbH-Handbuch IV Rz 546.

Durchschriften oder Kopien unaufgefordert an die Gesellschaft zurückzugeben. Ihm steht an diesen Unterlagen ein Zurückbehaltungsrecht gegenüber der Gesellschaft nicht zu[39].

## § 18 Allgemeine Bestimmungen

Änderungen oder Ergänzungen dieses Vertrages bedürfen der Schriftform. Kein Vertragspartner kann sich auf eine vom Vertrag abweichende tatsächliche Übung berufen, solange die Abweichung nicht schriftlich festgehalten ist. Sollten einzelne Bestimmungen dieses Vertrages ungültig sein oder werden, so wird die Gültigkeit der übrigen Bestimmungen dieses Vertrages hiervon nicht berührt. Die ungültige Bestimmung ist in der Weise umzudeuten, daß der beabsichtigte wirtschaftliche Zweck bestmöglich erreicht wird[40].

---

39  Die Rückgabe von Unterlagen nach Beendigung des Dienstverhältnisses ist selbstverständlich. Es empfiehlt sich aber, das Zurückbehaltungsrecht des Geschäftsführers gem. § 273 Abs. 1 BGB oder 369 HGB auszuschließen.

40  Streitigkeiten zwischen dem Geschäftsführer und der Gesellschaft werden grundsätzlich vor den ordentlichen Gerichten, in Ausnahmefällen vor den Arbeitsgerichten ausgetragen. Nicht selten, besonders bei größeren Gesellschaften, wird im Gesellschaftsvertrag oder im Anstellungsvertrag von der Möglichkeit Gebrauch gemacht, ein Schiedsgericht zu vereinbaren. Bei kleineren Gesellschaften wird sich die Vereinbarung, daß das meist teure Schiedsgericht zuständig sein soll, nicht empfehlen.
Wird ein Schiedsvertrag abgeschlossen, bedarf er der Schriftform. Die Urkunde darf andere Vereinbarungen als solche, die sich auf das schiedsgerichtliche Verfahren beziehen, nicht enthalten. Dies gilt nur dann nicht, wenn der Schiedsvertrag für beide Teile ein Handelsgeschäft ist und beide Parteien Vollkaufleute sind. An dieser Voraussetzung wird es regelmäßig auf seiten des Geschäftsführers fehlen.

# Literaturverzeichnis

| | |
|---|---|
| Baumbach-Hueck | GmbHG, 16. Auflage, Verlag C. H. Beck, München |
| Eder/Berg/Gott-schling/Gaul | GmbH-Handbuch, Verlag Dr. Otto Schmidt KG, Köln |
| Hachenburg | Großkommentar zum GmbHG, 8. Auflage, Walter de Gruyter, Berlin |
| Reiserer | Der GmbH-Geschäftsführer im Arbeits- und Sozialversicherungsrecht, 1. Auflage, Verlag Recht und Wirtschaft, Heidelberg |
| Tillmann | Der Geschäftsführervertrag der GmbH und GmbH & Co., 6. Auflage, GmbH-Centrale-Verlag Dr. Otto Schmidt KG, Köln |